L.O.L. SURPRISE!™

SCOPRI IL NOSTRO MONDO

ape junior

Questo libro appartiene a...

....

Scritto da Kayla Clibborn

Pubblicato per la prima volta da Parragon

Gruppo editoriale Mauri Spagnol, Milano

Editing: La Fabbrica delle Idee, Milano
Redazione e traduzione: Emanuela Brumana | Grafica: Massimo Sassi

ISBN 978-88-9309-330-9
Stampato a cura di Valcom Srl
Quarta ristampa: Ottobre 2018

DIVENTIAMO AMICHE

Benvenuta nel mondo delle L.O.L. Surprise!, dove esiste solo il divertimento e ci sono monelle ovunque! Sei pronta a conoscere la banda?

Ci sono 14 club esclusivi, per oltre 100 bamboline, tenerissime e pestifere. Dal Glam Club al Glitterati, dal Theater Club al Cosplay, ogni gruppo è composto da tante BFF*, dolci e sfacciate. Vieni a conoscere Queen Bee, regina del fashion; scrivi rime taglienti con M.C. Swag, coccolati con Cozy Babe e balla fino a perdere fiato con Center Stage! #aognunailsuoclub

Ferma lì! C'è dell'altro! Ogni bambola ha un'adorabile sorellina con cui scambiarsi gli accessori. Inoltre, apri bene gli occhi: sparsi per il libro ci sono tanti messaggi in codice: sono come quelli che trovi in ogni sfera L.O.L. Surprise!; mettiti alla prova e risolvili tutti.

Ora che sei pronta per conoscerci tutte, gira pagina e scopri il nostro divertentissimo mondo!

*BFF è la tua Best Friend Forever, cioè la tua Miglior Amica per Sempre!

ALLA SCOPERTA!

In questa splendida guida troverai
tutto quello che devi sapere
sulle L.O.L. Surprise!

EHI, STO ASPETTANDO, BABY!

Alle pagine 6 e 7 troverai un'introduzione su ciascuno dei 14 club di queste birbantelle. Tutte loro fanno parte di un club, dal brillante Glitterati al creativo Glee Club fino allo sciccoso 24K Club.

E non dimenticare le piccole sorelline: le troverai tutte accanto alla loro sorella maggiore, cominciando da Lil Queen Bee a pagina 9. Se stai cercando una bambola in particolare, corri all'indice a pagina 123.

SHH!

Pensi di essere una tipa sveglia? Dimostralo! Prova a decifrare i messaggi cifrati che troverai nel libro: ognuno è composto da due immagini che devi interpretare per scoprire il significato nascosto! Per aiutarti, sotto ogni indovinello troverai un piccolo indizio! Le soluzioni sono in alto nella pagina... Non sbirciare!

Prova con questo:

= GATTO DELLE NEVI

SEI PRONTA?

Ecco che cosa ti aspetta nelle prossime pagine...

Frasi carine
Queste monelle hanno tante cose da dire!

Ce l'ho/ Mi manca
Tieni traccia della tua collezione: metti una crocetta nella casella vicino a ogni L.O.L. Surprise!

Unicità
Alcune monelle sono più rare di altre! Scopri di ogni L.O.L. Surprise! se è Popular, Fancy, Rare o Ultra-Rare.

Serie
Scopri a quale serie appartiene ogni L.O.L. Surprise!

Club
Ogni bambola fa parte di un club esclusivo!

Curiosità
Scopri di più sul carattere di ogni L.O.L. Surprise!

Numero identificativo
Ogni bambola L.O.L. Surprise! ha un numero di serie che la identifica!

#AOGNUNA ILSUOCLUB

Ogni club delle L.O.L. Surprise! è unico. Leggi queste descrizioni e decidi a quale club vuoi appartenere!

THE GLITTERATI

Non c'è niente di più scintillante di queste regine del glitter!

GLEE CLUB

Perché parlare se puoi cantare? Il Glee Club ama esibirsi!

GLAM CLUB

Se fai parte di questo club, ami il fashion. Qualcuno ha detto #selfie?

THEATER CLUB

Queste regine dello spettacolo amano il dramma, ma solo sul palcoscenico.

ATHLETIC CLUB

Che sia su un campo o su una pista di pattinaggio, queste ragazze sono sempre pronte a mettersi in gioco!

OPPOSITES CLUB

Queste BFF non potrebbero essere più diverse, ma sanno che è proprio la loro unicità a renderle speciali.

COSPLAY CLUB

Ogni giorno è una festa per il Cosplay Club! Per loro essere felici è vestirsi come più amano.

HIP HOP CLUB

I punti di forza di queste ragazze sono rime taglienti
e uno spiccato senso del ritmo.

CHILL OUT CLUB

Quando fuori fa freddo, non c'è niente
di più caldo di una coccola!

SPIRIT CLUB

Datemi una L! Datemi una O! Datemi una L! Queste L.O.L. il tifo
sanno fare, e le loro migliori amiche riescono a supportare!

DANCE CLUB

Queste pupe ballano come se nessuno le stesse guardando. O come
se tutti gli occhi fossero su di loro. Non importa, l'importante è ballare!

RETRO CLUB

Queste amanti del vintage pensano che classico sia sinonimo di bello.
Per questo il loro stile si rifà alle grandi icone del passato.

STORYBOOK CLUB

L'immaginazione è tutto, se vuoi unirti al club.
Ascolta: c'è qualcuno che racconta una storia.

24K GOLD

Per le ragazze del club è sempre
il momento di indossare un gioiello.

THE GLITTERATI

CHE SI DICE, DOLCEZZA?

CE L'HO

MANCA

QUEEN BEE

CLUB: THE GLITTERATI

UNICITÀ: ⭐ RARE

SERIE: 1

NUMERO IDENTIFICATIVO: 1-003

CURIOSITÀ: Non è facile essere una regina, ma Queen Bee indossa la corona senza paura!

Soluzione: Migliori amiche

CE L'HO

MANCA

LIL QUEEN BEE

CLUB: THE GLITTERATI

UNICITÀ: ULTRA-RARE

SERIE: 2

NUMERO IDENTIFICATIVO: 2-038

CURIOSITÀ: Lil Queen Bee è destinata a essere una regina di stile, come sua sorella.

Una ragazza non ne ha mai abbastanza.
Queen Bee, infatti, ne ha tantissime!

THE GLITTERATI

GLITTER, VI ADORO!

CE L'HO

MANCA

GLITTER QUEEN

CLUB: THE GLITTERATI

UNICITÀ: ⭐ RARE

SERIE: 1

NUMERO IDENTIFICATIVO: 1-002

CURIOSITÀ: Glitter Queen non ne ha mai abbastanza dello scintillio: ha glitter sui vestiti, nei capelli; insomma, ovunque!

Soluzione: Brilla come un diamante

CE L'HO

MANCA

LIL GLITTER QUEEN

CLUB: THE GLITTERATI

UNICITÀ: ⭐ RARE

SERIE: 2

NUMERO IDENTIFICATIVO: 2-037

CURIOSITÀ: Lil Glitter Queen non ha scelto i glitter, sono i glitter che hanno scelto lei!

Fai appello al tuo lato... brillante, per risolvere questo messaggio.

THE GLITTERATI

CE L'HO

MANCA

CRYSTAL QUEEN

CLUB: THE GLITTERATI

UNICITÀ: ⭐ RARE

SERIE: 1

NUMERO IDENTIFICATIVO: 1-001

CURIOSITÀ: Non vedrai mai Crystal Queen senza la tiara. I diamanti sono l'ABC dello stile.

Soluzione: I diamanti sono i tuoi BFF

CE L'HO

MANCA

LIL CRYSTAL QUEEN

CLUB: THE GLITTERATI

UNICITÀ: ★ RARE

SERIE: 2

NUMERO IDENTIFICATIVO: 2-039

CURIOSITÀ: Lil Crystal Queen ha ereditato l'amore per ciò che luccica da sua sorella.

Sai risolvere questo messaggio prezioso?
Pronta, partenza, brilla!

THE GLITTERATI

PERRR - FETTA!

CE L'HO

MANCA

KITTY QUEEN

CLUB: THE GLITTERATI

UNICITÀ: ⭐ RARE

SERIE: 2

NUMERO IDENTIFICATIVO: 2-002

CURIOSITÀ: Lo stile micioso non passa mai di moda, ecco perché Kitty Queen atterra sempre in piedi!

Soluzione: Gatto delle nevi

CE L'HO

MANCA

LIL KITTY QUEEN

CLUB: THE GLITTERATI

UNICITÀ: ⭐ RARE

SERIE: 2

NUMERO IDENTIFICATIVO: 2-041

CURIOSITÀ: Questa gattina è affascinata da tutto ciò che brilla, proprio come sua sorella!

Non tutti i gatti odiano il freddo.

THE GLITTERATI

QUA LA PINNA!

CE L'HO

MANCA

SPLASH QUEEN

CLUB: THE GLITTERATI

UNICITÀ: ❤ ULTRA-RARE

SERIE: 2

NUMERO IDENTIFICATIVO: 2-001

CURIOSITÀ: Chi ha detto che al mare ci si veste sportivi? Splash Queen porta in spiaggia tutto il suo splendore.

Soluzione: Via dello shopping

#A-MARE

CE L'HO

MANCA

LIL SPLASH QUEEN

CLUB: THE GLITTERATI

UNICITÀ: ❤ ULTRA-RARE

SERIE: 2

NUMERO IDENTIFICATIVO: 2-042

CURIOSITÀ: Lil Splash Queen è una vera tipa da spiaggia! Ama più il mare o la moda?

È il paradiso per ogni amante del fashion.

THE GLITTERATI

CANTA CON ME, BABY!

CE L'HO

MANCA

THE QUEEN

CLUB: THE GLITTERATI

UNICITÀ: ⭐ RARE

SERIE: 2

NUMERO IDENTIFICATIVO: 2-004

CURIOSITÀ: The Queen è una vera rocker! È sempre pronta a salire sul palcoscenico con i suoi abiti incredibili.

Soluzione: Mi piace il tuo stile

CE L'HO

MANCA

LIL QUEEN

CLUB: THE GLITTERATI

UNICITÀ: ★ RARE

SERIE: 2

NUMERO IDENTIFICATIVO: 2-040

CURIOSITÀ: Lil Queen e sua sorella sono le vere regine del rock'n'roll: musica, ritmo e abiti estrosi sono il loro biglietto da visita.

Con uno stile come The Queen te lo sentirai dire spesso!

THE GLITTERATI

FACCIAMO FESTA INSIEME!

CE L'HO

MANCA

PURPLE QUEEN

CLUB: THE GLITTERATI

UNICITÀ: ❤ ULTRA-RARE

SERIE: Surprise

NUMERO IDENTIFICATIVO: S-001

CURIOSITÀ: Ti piacciono le feste? Purple Queen le adora e trova ogni giorno un motivo per festeggiare.

CE L'HO ✗

MANCA

LIL PURPLE QUEEN

CLUB: THE GLITTERATI

UNICITÀ: ❤ ULTRA-RARE

SERIE: Surprise

NUMERO IDENTIFICATIVO: S-003

CURIOSITÀ: Appena Lil Purple Queen mette piede in una stanza, il divertimento comincia!

Risolvi in fretta questo indovinello, poi corri a divertirti!

Soluzione: Animale da festa

NO

THE GLITTERATI

CE L'HO

MANCA

STARDUST QUEEN

CLUB: THE GLITTERATI

UNICITÀ: ❤ ULTRA-RARE

SERIE: Surprise

NUMERO IDENTIFICATIVO: S-002

CURIOSITÀ: Stardust Queen ha gli occhi di due colori diversi, ma entrambi brillano come le stelle nel cielo: è davvero una regina spaziale!

Soluzione: Stella della musica

CE L'HO

MANCA

LIL STARDUST QUEEN

CLUB: THE GLITTERATI

UNICITÀ: ❤ ULTRA-RARE

SERIE: Surprise

NUMERO IDENTIFICATIVO: S-004

CURIOSITÀ: Lil Stardust Queen adora sua sorella e la seguirebbe ovunque, anche in galassie lontane lontane.

Chi brilla nel firmamento musicale?

THE GLITTERATI

DI CHE SEGNO SEI?

CE L'HO

MANCA

COSMIC QUEEN

CLUB: THE GLITTERATI

UNICITÀ: ⭐ RARE

SERIE: 1

NUMERO IDENTIFICATIVO: 1-004

CURIOSITÀ: Cosmic Queen è una BFF stellare: secondo lei tutto è possibile se i pianeti sono dalla tua parte. E tu, ci credi o no?

AMO STARE SULLA SCENA!

CE L'HO

MANCA

SUGAR QUEEN

CLUB: THE GLITTERATI

UNICITÀ: ⭐ RARE

SERIE: 2

NUMERO IDENTIFICATIVO: 2-003

CURIOSITÀ: Questo zuccherino è una vera star del palcoscenico: se c'è un pubblico che la guarda, dà il meglio di sé!

GLEE CLUB

ROCKSTAR DALLA NASCITA!

CE L'HO

MANCA

ROCKER

CLUB: GLEE CLUB

UNICITÀ: POPULAR

SERIE: 1

NUMERO IDENTIFICATIVO: 1-011

CURIOSITÀ: Rocker vive per la musica. A ciuccio e biberon ha sempre preferito microfono e chitarra. È il rock'n'roll, dolcezza!

Soluzione: Video musicale

CE L'HO

MANCA

LIL ROCKER

CLUB: GLEE CLUB

UNICITÀ: POPULAR

SERIE: 2

NUMERO IDENTIFICATIVO: 2-049

CURIOSITÀ: Perché essere carina, quando puoi essere rock? Lil Rocker è una dura!

Solo le vere rock star riescono a risolvere questo indovinello!

GLEE CLUB

CE L'HO

MANCA

M.C. SWAG

CLUB: GLEE CLUB

UNICITÀ: POPULAR

SERIE: 1

NUMERO IDENTIFICATIVO: 1-013

CURIOSITÀ: Quando prende il microfono, M.C. Swag lascia tutti senza parole: le rime taglienti sono il suo punto di forza!

Soluzione: Prova microfono

CE L'HO

MANCA

LIL M.C. SWAG

CLUB: GLEE CLUB

UNICITÀ: ❤ ULTRA-RARE

SERIE: 1

NUMERO IDENTIFICATIVO: 1-014

CURIOSITÀ: Lil M.C. Swag è pronta a esibirsi. La sua forza sono le tre R: ritmo, rap e... ribellione!

Che cosa fa qualsiasi artista prima di esibirsi?

GLEE CLUB

6 UNICA, BELLEZZA!

CE L'HO

MANCA

DIVA

CLUB: GLEE CLUB

UNICITÀ: FANCY

SERIE: 1

NUMERO IDENTIFICATIVO: 1-012

CURIOSITÀ: La cosa che Diva ama di più è esibirsi con il Glee Club. Dà il meglio di sé quando si ricorda di essere semplicemente se stessa.

Soluzione: Futura stella

CE L'HO

MANCA

LIL DIVA

CLUB: GLEE CLUB

UNICITÀ: ✦ FANCY

SERIE: 2

NUMERO IDENTIFICATIVO: 2-050

CURIOSITÀ: Essere carina e adorabile è il tratto distintivo di Lil Diva, che ama se stessa così com'è, perché è unica e speciale!

Ogni grande diva lo è stata,
all'inizio del suo brillante cammino.

GLAM CLUB

METTICI UNA FASCIA SU!

CE L'HO

MANCA

MISS BABY

CLUB: GLAM CLUB

UNICITÀ: POPULAR

SERIE: 1

NUMERO IDENTIFICATIVO: 1-028

CURIOSITÀ: Miss Baby è una vera regina di bellezza. Grazie al suo stile e al suo portamento elegante conquisterà le passerelle!

Soluzione: Regina
dello shopping

CE L'HO

MANCA

LIL MISS BABY

CLUB: GLAM CLUB

UNICITÀ: POPULAR

SERIE: 2

NUMERO IDENTIFICATIVO: 2-060

CURIOSITÀ: Capita che Lil Miss Baby giochi a indossare i panni di sua sorella: fascia da miss e tiara! #midispiacemasonounamiss

Miss Baby lo è: ricordatene se devi rifarti il guardaroba!

GLAM CLUB

CE L'HO

MANCA

IT BABY

CLUB: GLAM CLUB

UNICITÀ: ✦ FANCY

SERIE: 2

NUMERO IDENTIFICATIVO: 2-014

CURIOSITÀ: It Baby è così di classe che non si accontenta di niente che non sia favoloso, tesoro. Quando una è elegante, il resto vien da sé.

Soluzione: Amore nell'aria

CE L'HO

MANCA

LIL IT BABY

CLUB: GLAM CLUB

UNICITÀ: POPULAR

SERIE: 2

NUMERO IDENTIFICATIVO: 2-062

CURIOSITÀ: Lil It Baby pensa che ogni sorellina debba essere elegante, come lei.

Lascia che il tuo animo romantico ti aiuti a risolvere questo indovinello.

GLAM CLUB

51% PUNK,
49% MISS

CE L'HO

MANCA

MISS PUNK

CLUB: GLAM CLUB

UNICITÀ: ✦ FANCY

SERIE: 2

NUMERO IDENTIFICATIVO: 2-015

CURIOSITÀ: Non tutte le principesse indossano scarpette di cristallo! Miss Punk ama i vestiti, ma originali e stravaganti come lei!

Soluzione: Stella brillante

CE L'HO

MANCA

LIL MISS PUNK

CLUB: GLAM CLUB

UNICITÀ: ✦ FANCY

SERIE: 2

NUMERO IDENTIFICATIVO: 2-061

CURIOSITÀ: Una piccola ribelle che non rinuncia a essere miss: fashion e rivoluzione!

Nel buio della notte, risplende in cielo una...

GLAM CLUB

W LA PELLICCIA, MA SINTETICA!

CE L'HO

MANCA

DOLLFACE

CLUB: GLAM CLUB

UNICITÀ: POPULAR

SERIE: 2

NUMERO IDENTIFICATIVO: 2-016

CURIOSITÀ: Dollface ama gli animali, per questo indossa solo pelliccia sintetica: essere fashion vuol dire anche essere green!

Soluzione: Amanti degli animali

CE L'HO

MANCA

LIL DOLLFACE

CLUB: GLAM CLUB

UNICITÀ: POPULAR

SERIE: 2

NUMERO IDENTIFICATIVO: 2-063

CURIOSITÀ: Lil Dollface è pazza per il fashion e spesso ruba i vestiti di sua sorella.

Non lo siamo tutti, in fondo?

GLAM CLUB

CE L'HO

MANCA

ROYAL HIGH-NEY

CLUB: GLAM CLUB

UNICITÀ: POPULAR

SERIE: 1

NUMERO IDENTIFICATIVO: 1-026

CURIOSITÀ: Royal High-ney è davvero viziata: ama le cose belle della vita, ma servite su un piatto d'argento. Che pacchia!

PRONTA? PARTENZA, SELFIE!

CE L'HO

MANCA

LEADING BABY

CLUB: GLAM CLUB

UNICITÀ: ✦ FANCY

SERIE: 1

NUMERO IDENTIFICATIVO: 1-027

CURIOSITÀ: Leading Baby è la regina dei selfie: le servono solo una macchina fotografica, un'amica e... click! Il gioco è fatto!

THEATER CLUB

FACCIAMO UN TUFFO?

CE L'HO

MANCA

MERBABY

CLUB: THEATER CLUB

UNICITÀ: POPULAR

SERIE: 1

NUMERO IDENTIFICATIVO: 1-015

CURIOSITÀ: Merbaby ha una doppia vita, ma sempre nei panni di una sirena. Quando non è sul palco con il Theater Club, la trovi in spiaggia!

Soluzione: Il mare ti chiama

CE L'HO

MANCA

LIL MERBABY

CLUB: THEATER CLUB

UNICITÀ: POPULAR

SERIE: 2

NUMERO IDENTIFICATIVO: 2-055

CURIOSITÀ: Come sua sorella, Lil Merbaby è pronta a tuffarsi in una vita sul palco e nel mare più profondo.

Ogni sirena lo sa, e scommetto che lo senti anche tu, quando arriva l'estate.

THEATER CLUB

CE L'HO

MANCA

BABY CAT

CLUB: THEATER CLUB

UNICITÀ: POPULAR

SERIE: 1

NUMERO IDENTIFICATIVO: 1-016

CURIOSITÀ: Baby Cat sì che sa stare sul palcoscenico! Per lei il teatro è la cosa più bella, dopo le sue BFF.

Soluzione: Regina del dramma

CE L'HO

MANCA

LIL BABY CAT

CLUB: THEATER CLUB

UNICITÀ: POPULAR

SERIE: 2

NUMERO IDENTIFICATIVO: 2-056

CURIOSITÀ: Lil Baby Cat è pronta a seguire le impronte della sorella fin sopra il palcoscenico.

Per far parte del Theater Club devi esserlo anche tu.

THEATER CLUB

COME DESIDERI!

CE L'HO

MANCA

GENIE

CLUB: THEATER CLUB

UNICITÀ: FANCY

SERIE: 2

NUMERO IDENTIFICATIVO: 2-008

CURIOSITÀ: Per Genie salire sul palcoscenico con il Theater Club è un desiderio che diventa realtà!

Soluzione: Prima teatrale

CE L'HO

MANCA

LIL GENIE

CLUB: THEATER CLUB

UNICITÀ: ✦ FANCY

SERIE: 2

NUMERO IDENTIFICATIVO: 2-057

CURIOSITÀ: Lil Genie sa che se vuoi diventare una star del teatro, devi smettere di sognare e cominciare a provare!

Dopo tante prove, è arrivato il momento.
Tieni a bada l'ansia e risolvi l'indovinello!

THEATER CLUB

LOLLISSIMO!

CE L'HO

MANCA

PRANKSTA

CLUB: THEATER CLUB

UNICITÀ: POPULAR

SERIE: 2

NUMERO IDENTIFICATIVO: 2-009

CURIOSITÀ: Pranksta è una tipa simpatica, che ama far ridere il pubblico. Le sue amiche possono contare su di lei per un po' di allegria.

CE L'HO

MANCA

COCONUT Q.T.

CLUB: THEATER CLUB

UNICITÀ: POPULAR

SERIE: 2

NUMERO IDENTIFICATIVO: 2-010

CURIOSITÀ: Coconut Q.T. adora le Hawaii, ma anche stare sul palcoscenico.

THEATER CLUB

CE L'HO

MANCA

SUPER B.B.

CLUB: THEATER CLUB

UNICITÀ: FANCY

SERIE: 1

NUMERO IDENTIFICATIVO: 1-017

CURIOSITÀ: È un uccellino? O un aeroplano? No... È Super B.B. ed è la dimostrazione che non bisogna esser grandi per essere eroi.

ATHLETIC CLUB

PALLA A ME!

CE L'HO

MANCA

COURT CHAMP

CLUB: ATHLETIC CLUB

UNICITÀ: POPULAR

SERIE: 2

NUMERO IDENTIFICATIVO: 2-013

CURIOSITÀ: Questa star del tennis è adorabile dentro e fuori dal campo. Fate attenzione, giocatori di tennis, c'è una star in arrivo!

ATHLETIC CLUB

CE L'HO

MANCA

SURFER BABE

CLUB: ATHLETIC CLUB

UNICITÀ: POPULAR

SERIE: 1

NUMERO IDENTIFICATIVO: 1-018

CURIOSITÀ: Surfer Babe ha i capelli del colore della sabbia e la sua muta da sub è il suo abito preferito. Insomma, è una vera regina del mare!

Soluzione: Tipe da spiaggia

CE L'HO

MANCA

LIL SURFER BABE

CLUB: ATHLETIC CLUB

UNICITÀ: POPULAR

SERIE: 2

NUMERO IDENTIFICATIVO: 2-052

CURIOSITÀ: Lil Surfer babe non vede l'ora di fare surf da sola, come i grandi!

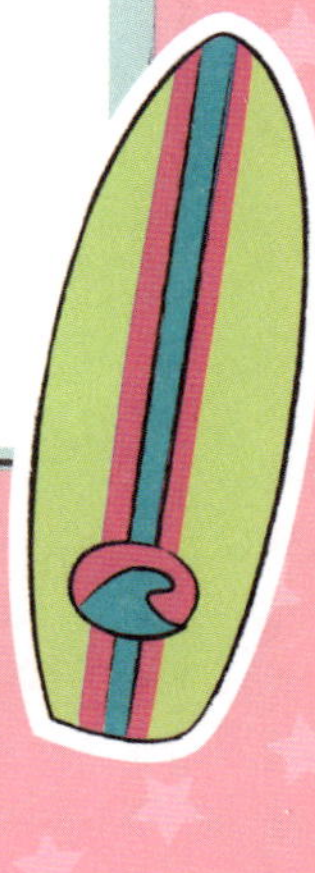

Non c'è modo migliore di descrivere Surfer Babe e sua sorella!

ATHLETIC CLUB

CE L'HO

MANCA

HOOPS M.V.P.

CLUB: ATHLETIC CLUB

UNICITÀ: POPULAR

SERIE: 1

NUMERO IDENTIFICATIVO: 1-019

CURIOSITÀ: Hoops M.V.P. è una star del basket! Questa pupa sportiva sogna di fare tanti canestri quanti sono i suoi ricci.

Soluzione: Palla al centro

CE L'HO

MANCA

LIL HOOPS M.V.P.

CLUB: ATHLETIC CLUB

UNICITÀ: POPULAR

SERIE: 2

NUMERO IDENTIFICATIVO: 2-051

CURIOSITÀ: Lil Hoops è destinata a seguire i rimbalzi di sua sorella e non vede l'ora di unirsi al gioco.

Il gioco sta per cominciare.

ATHLETIC CLUB

UNA VITA A ROTELLE!

CE L'HO

MANCA

ROLLER SK8ER

CLUB: ATHLETIC CLUB

UNICITÀ: ✦ FANCY

SERIE: 1

NUMERO IDENTIFICATIVO: 1-020

CURIOSITÀ: Roller Sk8er è sempre allegra e sorridente: sfrecciare sui pattini è la miglior cura contro il cattivo umore, lo sapevi?

TU CAMMINI, IO PATTINO.

CE L'HO

MANCA

LIL ROLLER SK8ER

CLUB: **ATHLETIC CLUB**

UNICITÀ: ❤ ULTRA-RARE

SERIE: 1

NUMERO IDENTIFICATIVO: **1-021**

CURIOSITÀ: **Lil Roller Sk8er non sa camminare, ma è già una grande pattinatrice!**

È il motto di una vera sportiva!

ATHLETIC CLUB

LA REGINA DELLA PISTA

1ST

CE L'HO

MANCA

ICE SK8ER

CLUB: ATHLETIC CLUB

UNICITÀ: FANCY

SERIE: 2

NUMERO IDENTIFICATIVO: 2-011

CURIOSITÀ: Basta vederla pattinare leggera sul ghiaccio per capire che questa monella ha un vero talento.

Soluzione: Amo vincere

CE L'HO

MANCA

LIL ICE SK8ER

CLUB: ATHLETIC CLUB

UNICITÀ: ✦ FANCY

SERIE: 2

NUMERO IDENTIFICATIVO: 2-053

CURIOSITÀ: Lil Ice Sk8er è la degna sorellina di una grande campionessa come Ice Sk8er.

Chi arriva prima, lo esclama felice
(ma ricorda che l'importante è partecipare!)

ATHLETIC CLUB

CE L'HO

MANCA

KICKS

CLUB: ATHLETIC CLUB

UNICITÀ: POPULAR

SERIE: 2

NUMERO IDENTIFICATIVO: 2-012

CURIOSITÀ: Kicks vive di calcio. Se la cerchi, la troverai in campo, mentre si allena a tirare in porta. Vuoi giocare insieme a lei?

Soluzione: Stella del pallone

CE L'HO

MANCA

LIL KICKS

CLUB: ATHLETIC CLUB

UNICITÀ: POPULAR

SERIE: 2

NUMERO IDENTIFICATIVO: 2-054

CURIOSITÀ: Grazie a sua sorella, Lil Kicks sa già palleggiare e passare la palla. Diventerà una vera star del calcio!

La soluzione è la perfetta descrizione di chi brilla nel basket.

OPPOSITES CLUB

ROSA, RASO E...
RISATE!

CE L'HO

MANCA

FANCY

CLUB: OPPOSITES CLUB

UNICITÀ: POPULAR

SERIE: 1

NUMERO IDENTIFICATIVO: 1-005

CURIOSITÀ: Se Fancy è sempre elegante e ama le perle, la sua BFF Fresh non potrebbe essere più diversa. A loro sta bene così: la vera amicizia rispetta e valorizza l'unicità!

Soluzione: Dolce come te

PRENDITI CURA DI TE STESSA

CE L'HO

MANCA

LIL FANCY

CLUB: OPPOSITES CLUB

UNICITÀ: POPULAR

SERIE: 2

NUMERO IDENTIFICATIVO: 2-046

CURIOSITÀ: Lil Fancy adora ascoltare le lezioni di moda che le dà la sua raffinata sorella.

Ami le coccole? Allora te lo sentirai dire spesso!

OPPOSITES CLUB

CE L'HO

MANCA

FRESH

CLUB: OPPOSITES CLUB

UNICITÀ: POPULAR

SERIE: 1

NUMERO IDENTIFICATIVO: 1-006

CURIOSITÀ: Lo stile di Fresh è completamente opposto a quello di Fancy, ma questo non è certo un problema: ciò che ti rende unico, è ciò per cui gli altri ti vogliono bene!

Soluzione: Gli opposti si attraggono

CE L'HO

MANCA

LIL FRESH

CLUB: OPPOSITES CLUB

UNICITÀ: POPULAR

SERIE: 2

NUMERO IDENTIFICATIVO: 2-045

CURIOSITÀ: Lil Fresh è una tipa calma: proprio come sua sorella, non si fa mai prendere dall'ansia ed è sempre rilassata.

È la regola dell'Opposites Club.

OPPOSITES CLUB

DOLCE COME IL MIELE.

CE L'HO

MANCA

SUGAR

CLUB: Opposites Club

UNICITÀ: ✦ FANCY

SERIE: 2

NUMERO IDENTIFICATIVO: 2-006

CURIOSITÀ: Sugar pensa che la felicità sia una questione di equilibrio tra l'essere dolci e birichine. La sua BFF, al contrario, è una vera birbante!

Soluzione: Cuore dolce

BELLA E BUONA!

CE L'HO

MANCA

LIL SUGAR

CLUB: OPPOSITES CLUB

UNICITÀ: ❤ ULTRA-RARE

SERIE: 2

NUMERO IDENTIFICATIVO: 2-047

CURIOSITÀ: Grazie a sua sorella, Lil Sugar sa vedere il buono in ogni cosa.

Sugar e la sua sorellina ce l'hanno di sicuro. E tu?

OPPOSITES CLUB

SONO UNA TOSTA!

CE L'HO

MANCA

SPICE

CLUB: OPPOSITES CLUB

UNICITÀ: POPULAR

SERIE: 2

NUMERO IDENTIFICATIVO: 2-007

CURIOSITÀ: L'esuberante Spice è vivace, orgogliosa e determinata. Il suo carattere così pungente è addolcito dalla sua BFF Sugar.

Soluzione: Portafortuna

CE L'HO

MANCA

LIL SPICE

CLUB: OPPOSITES CLUB

UNICITÀ: ❤ ULTRA-RARE

SERIE: 2

NUMERO IDENTIFICATIVO: 2-048

CURIOSITÀ: Spice sta insegnando alla sua sorellina Lil Sister a dire sempre ciò che pensa.

Certe volte, nella vita, può essere utile attirare i favori della Dea Bendata.

COSPLAY CLUB

BELLA IN ROSA.

CE L'HO

MANCA

BON BON

CLUB: COSPLAY CLUB

UNICITÀ: ✦ FANCY

SERIE:

NUMERO IDENTIFICATIVO: 2-021

CURIOSITÀ: Nell'armadio di Bon Bon troverai solo abiti color pastello, fiocchi e nastrini. Troooppo fashion!

Soluzione: Dolce come una caramella

CE L'HO

MANCA

LIL BON BON

CLUB: COSPLAY CLUB

UNICITÀ: FANCY

SERIE: 2

NUMERO IDENTIFICATIVO: 2-071

CURIOSITÀ: Lil Bon Bon sa che la filosofia del Cosplay Club è vestirsi come si vuole!

Questo indovinello descrive lo stile di Bon Bon.

COSPLAY CLUB

CE L'HO

MANCA

FANIME

CLUB: COSPLAY CLUB

UNICITÀ: POPULAR

SERIE: 2

NUMERO IDENTIFICATIVO: 2-022

CURIOSITÀ: Fanime crede davvero che tu possa essere chiunque tu voglia, basta crederci e... scegliere l'abito giusto!

Soluzione: Mal d'amore

CE L'HO

MANCA

LIL FANIME

CLUB: COSPLAY CLUB

UNICITÀ: POPULAR

SERIE: 2

NUMERO IDENTIFICATIVO: 2-069

CURIOSITÀ: Kawaii in giapponese significa "dolce" ed è il motto di Lil Fanime.

Hai presente quando ti batte forte forte il cuore per qualcuno?

COSPLAY CLUB

COLORIAMO IL MONDO!

CE L'HO

MANCA

NEON Q.T.

CLUB: COSPLAY CLUB

UNICITÀ: POPULAR

SERIE: 2

NUMERO IDENTIFICATIVO: 2-023

CURIOSITÀ: Neon Q.T. spicca tra la folla con il suo stile colorato e appariscente. Ama tutto ciò che è brillante, fluo e stravagante.

Soluzione: Gioco di ruolo

CE L'HO

MANCA

LIL NEON Q.T.

CLUB: COSPLAY CLUB

UNICITÀ: POPULAR

SERIE: 2

NUMERO IDENTIFICATIVO: 2-068

CURIOSITÀ: Lil Neon Q.T. brilla come un fuoco d'artificio quando indossa ciò che ama.

Anche quando giocano, le ragazze del Cosplay Club interpretano un ruolo.

COSPLAY CLUB

IL NERO VA SEMPRE DI MODA!

CE L'HO

MANCA

MIDNIGHT

CLUB: COSPLAY CLUB

UNICITÀ: POPULAR

SERIE: 2

NUMERO IDENTIFICATIVO: 2-024

CURIOSITÀ: Lo stile di questa dark queen si ispira alla notte più buia. Per Midnight, il nero è sempre fashion.

Soluzione: Musica
da viaggio

CE L'HO

MANCA

LIL MIDNIGHT

CLUB: COSPLAY CLUB

UNICITÀ: POPULAR

SERIE: 2

NUMERO IDENTIFICATIVO: 2-070

CURIOSITÀ: Lil Midnight ha scoperto, grazie a sua sorella, che il buio non fa paura.

Prima di metterti in macchina, assicurati di avere la giusta colonna sonora!

HIP HOP CLUB

CE L'HO

MANCA

D.J.

CLUB: HIP HOP CLUB

UNICITÀ: FANCY

SERIE: 2

NUMERO IDENTIFICATIVO: 2-017

CURIOSITÀ: D.J. è una grande appassionata di musica. L'Hip Hop Club, grazie a lei, ha sempre un sound che spacca.

Soluzione: Segui il ritmo

CE L'HO

MANCA

LIL D.J.

CLUB: HIP HOP CLUB

UNICITÀ: ✦ FANCY

SERIE: 2

NUMERO IDENTIFICATIVO: 2-064

CURIOSITÀ: Lil D.J. si addormenta ascoltando le canzoni rap di sua sorella. Niente ninna nanna per lei!

Per fare parte dell'Hip Hop Club devi saperlo fare!

HIP HOP CLUB

IL MIO STILE SPACCA!

CE L'HO

MANCA

SHORTY

CLUB: HIP HOP CLUB

UNICITÀ: POPULAR

SERIE: 2

NUMERO IDENTIFICATIVO: 2-018

CURIOSITÀ: Questo asso della breakdance ha davvero stile! Quando D.J. alza il volume, lei scende in pista a ballare!

Soluzione: Breakdance

CE L'HO

MANCA

LIL SHORTY

CLUB: HIP HOP CLUB

UNICITÀ: POPULAR

SERIE: 2

NUMERO IDENTIFICATIVO: 2-065

CURIOSITÀ: Lil Shorty sa come dar fuoco alla pista, proprio come sua sorella.

Come si chiamano le acrobazie di Shorty?

HIP HOP CLUB

CAPELLI AL TOP!

CE L'HO

MANCA

HONEY BUN

CLUB: HIP HOP CLUB

UNICITÀ: POPULAR

SERIE: 2

NUMERO IDENTIFICATIVO: 2-019

CURIOSITÀ: Non solo lo chignon di Honey Bun è sempre di moda, ma anche lei è una BFF sempre al top. È davvero brava a far sentire speciali le altre ragazze del club di Hip Hop.

Soluzione: Spirito positivo

CE L'HO

MANCA

LIL HONEY BUN

CLUB: HIP HOP CLUB

UNICITÀ: POPULAR

SERIE: 2

NUMERO IDENTIFICATIVO: 2-067

CURIOSITÀ: Lil Honey Bun ha sempre tempo per un abbraccio.

È importante per affrontare ogni giornata con il sorriso.

HIP HOP CLUB

PAZZANANNAMATTA!

CE L'HO

MANCA

BEATS

CLUB: HIP HOP CLUB

UNICITÀ: ✦ FANCY

SERIE: 2

NUMERO IDENTIFICATIVO: 2-020

CURIOSITÀ: È difficile vedere Beats senza le sue cuffie: ogni momento della sua vita ha la giusta colonna sonora.

Soluzione: Ora di far festa

NON VOGLIO FARE LA NANNA!

CE L'HO

MANCA

LIL BEATS

CLUB: HIP HOP CLUB

UNICITÀ: FANCY

SERIE: 2

NUMERO IDENTIFICATIVO: 2-066

CURIOSITÀ: Nanna? No, grazie! Lil Beats ama ascoltare musica, anche in piena notte.

È sempre la sua ora, quando Beats è in circolazione.

CHILL OUT CLUB

CE L'HO

MANCA

COZY BABE

CLUB: CHILL OUT CLUB

UNICITÀ: ⭐ RARE

SERIE: 2

NUMERO IDENTIFICATIVO: 2-029

CURIOSITÀ: La stagione preferita di Cozy Babe è l'inverno: bevande calde, strade innavate e caldi maglioni. Come non amarlo?

Soluzione: Prima neve

CE L'HO

MANCA

LIL COZY BABE

CLUB: CHILL OUT CLUB

UNICITÀ: POPULAR

SERIE: 2

NUMERO IDENTIFICATIVO: 2-076

CURIOSITÀ: Rannicchiarsi e accoccolarsi sono le passioni di questa monella.

Quando arriva l'inverno, tutti la aspettano.

CHILL OUT CLUB

CE L'HO

MANCA

SNOW ANGEL

CLUB: CHILL OUT CLUB

UNICITÀ: ✦ FANCY

SERIE: 2

NUMERO IDENTIFICATIVO: 2-030

CURIOSITÀ: Snow Angel sa come essere alla moda anche quando fuori fa freddissimo. Il pezzo forte sono i suoi paraorecchie pelosi!

Soluzione: Bianco come la neve

CE L'HO

MANCA

LIL SNOW ANGEL

CLUB: CHILL OUT CLUB

UNICITÀ: ✦ FANCY

SERIE: 2

NUMERO IDENTIFICATIVO: 2-077

CURIOSITÀ: Questa birichina ama giocare nella neve, quindi fai attenzione: potrebbe nascondere una palla di neve!

Un adorabile coniglietto dal manto candido è...

CHILL OUT CLUB

DIVANO + COPERTA = LOVE

CE L'HO

MANCA

BRRR B.B.

CLUB: CHILL OUT CLUB

UNICITÀ: POPULAR

SERIE: 2

NUMERO IDENTIFICATIVO: 2-031

CURIOSITÀ: Tesoro, si gela; e allora perché uscire? Brrr B.B. è ben felice di starsene al calduccio insieme alle sue amiche del Chill Out Club.

Soluzione: Ora del divano

CE L'HO

MANCA

LIL BRRR B.B.

CLUB: CHILL OUT CLUB

UNICITÀ: ● POPULAR

SERIE: 2

NUMERO IDENTIFICATIVO: 2-078

CURIOSITÀ: Lil Brrr B.B. vorrebbe un caldo abbraccio, ti va di accontentarla?

È il momento preferito di Brrr B.B.

CHILL OUT CLUB

SEMPRE STILOSA E SPESSO BIRBANTE!

CE L'HO

MANCA

POSH

CLUB: CHILL OUT CLUB

UNICITÀ: POPULAR

SERIE: 2

NUMERO IDENTIFICATIVO: 2-032

CURIOSITÀ: Ecco la perfetta unione di fashion e comodità: su di lei persino i pattini da ghiaccio diventano stilosi.

Soluzione: Stella della moda

MONELLA DALLA NASCITA!

CE L'HO

MANCA

LIL POSH

CLUB: CHILL OUT CLUB

UNICITÀ: POPULAR

SERIE: 2

NUMERO IDENTIFICATIVO: 2-079

CURIOSITÀ: Lil Posh non vede l'ora di usare i pattini di sua sorella!

Filo di perle e cappottino rosa per pattinare: Posh è una vera...

SPIRIT CLUB

DAMMI RETTA!

CE L'HO

MANCA

MAJORETTE

CLUB: SPIRIT CLUB

UNICITÀ: FANCY

SERIE: 1

NUMERO IDENTIFICATIVO: 1-007

CURIOSITÀ: Majorette è la regina della marcia! È sempre pronta a guidare lo Spirit Club e dare il giusto ritmo.

Soluzione: Tè e biscotti

CE L'HO

MANCA

LIL MAJORETTE

CLUB: SPIRIT CLUB

UNICITÀ: FANCY

SERIE: 2

NUMERO IDENTIFICATIVO: 2-043

CURIOSITÀ: Lil Majorette, da grande, sarà brava quanto sua sorella.

La giusta merenda per darsi la carica.

SPIRIT CLUB

CE L'HO

MANCA

TEACHER'S PET

CLUB: SPIRIT CLUB

UNICITÀ: POPULAR

SERIE: 1

NUMERO IDENTIFICATIVO: 1-008

CURIOSITÀ: Teacher's Pet ha sempre idee geniali. È una tipa intelligente che ama i libri e lo studio!

Soluzione: Idea brillante

NON SEI MAI TROPPO PICCOLA PER LO STUDIO!

CE L'HO

MANCA

LIL TEACHER'S PET

CLUB: SPIRIT CLUB

UNICITÀ: POPULAR

SERIE: 2

NUMERO IDENTIFICATIVO: 2-044

CURIOSITÀ: Lil Teacher's Pet sarà anche piccola, ma la sua sete di conoscenza è davvero grande!

Teacher's Pet e la sua sorellina ne hanno sempre molte!

SPIRIT CLUB

IL GIOCO DI SQUADRA VINCE SEMPRE!

CE L'HO

MANCA

CHEER CAPTAIN

CLUB: SPIRIT CLUB

UNICITÀ: POPULAR

SERIE: 1

NUMERO IDENTIFICATIVO: 1-009

CURIOSITÀ: Datemi una B! Datemi una F! Datemi una F! BFF! Cheer Captain sa davvero supportare le sue amiche!

Soluzione: Spirito di squadra

BAMBINA PON PON!

CE L'HO

MANCA

LIL CHEER CAPTAIN

CLUB: SPIRIT CLUB

UNICITÀ: ❤ ULTRA-RARE

SERIE: 1

NUMERO IDENTIFICATIVO: 1-010

CURIOSITÀ: Un Hip hip urrà per Lil Cheer Captain, la bambina pon pon.

Per vincere, non può certo mancare!

DANCE CLUB

OH, YEAH!

CE L'HO

MANCA

LINE DANCER

CLUB: DANCE CLUB

UNICITÀ: POPULAR

SERIE: 1

NUMERO IDENTIFICATIVO: 1-022

CURIOSITÀ: Y-ah! Line Dancer è la regina del country! I suoi stivali sono fatti per ballare, dal tramonto all'alba.

Soluzione: È ora di ballare

DOVE SONO I MIEI STIVALI?

CE L'HO

MANCA

LIL LINE DANCER

CLUB: DANCE CLUB

UNICITÀ: POPULAR

SERIE: 2

NUMERO IDENTIFICATIVO: 2-059

CURIOSITÀ: Questa nanerottola è una vera cowgirl!

Non è mai troppo presto per fare due salti in pista!

DANCE CLUB

CE L'HO

MANCA

SIS SWING

CLUB: DANCE CLUB

UNICITÀ: POPULAR

SERIE: 1

NUMERO IDENTIFICATIVO: 1-023

CURIOSITÀ: Sis Swing è una ballerina provetta! Con i suoi volteggi, arriva prima in qualsiasi gara di ballo.

Soluzione: Ballo scolastico

SE NON SAI CHE COSA FARE, BALLA!

CE L'HO

MANCA

LIL SIS SWING

CLUB: DANCE CLUB

UNICITÀ: POPULAR

SERIE: 2

NUMERO IDENTIFICATIVO: 2-058

CURIOSITÀ: Lil Sis Swing imita sua sorella e così diventerà presto la regina del balletto.

È l'occasione per ballare fino all'alba.

DANCE CLUB

1, 2, 3... SI BALLA!

CE L'HO

MANCA

CENTER STAGE

CLUB: DANCE CLUB

UNICITÀ: FANCY

SERIE: 1

NUMERO IDENTIFICATIVO: 1-024

CURIOSITÀ: Con grazia, delicatezza e notevoli doti artistiche, questa piccola ballerina sa come infiammare il palcoscenico.

Soluzione: Balla come se nessuno ti stesse guardando.

CE L'HO

MANCA

LIL CENTER STAGE

CLUB: DANCE CLUB

UNICITÀ: ❤ ULTRA-RARE

SERIE: 1

NUMERO IDENTIFICATIVO: 1-025

CURIOSITÀ: Perché camminare se puoi danzare? Lil Center Stage indossa il tutu sopra il pannolino!

Non lasciare che gli altri ti facciano passare la voglia di ballare.

RETRO CLUB

FACCIAMO
4 SALTI?

CE L'HO

MANCA

JITTERBUG

CLUB: RETRO CLUB

UNICITÀ: ✦ FANCY

SERIE: 2

NUMERO IDENTIFICATIVO: 2-033

CURIOSITÀ: Con una gonna ampia piena di pois e un'acconciatura da far girare la testa, questa monella farà breccia nel tuo cuore.

Soluzione: Libri di scuola

CE L'HO

MANCA

LIL JITTERBUG

CLUB: RETRO CLUB

UNICITÀ: FANCY

SERIE: 2

NUMERO IDENTIFICATIVO: 2-080

CURIOSITÀ: Lil Jitterbug ama ballare, tanto che non sogna altro, persino quando mangia.

Anche se pensi solo al ballo, concentrati sullo studio!

RETRO CLUB

CE L'HO

MANCA

CHERRY

CLUB: RETRO CLUB

UNICITÀ: POPULAR

SERIE: 2

NUMERO IDENTIFICATIVO: 2-034

CURIOSITÀ: Questa bellezza vintage ama i vinili e lo stile retrò. Pensa che uno stile ricercato sia la ciliegina sulla dolce torta che è la vita.

Soluzione: Dolce o acida

PIN-UP IN PANNOLINO!

CE L'HO

MANCA

LIL CHERRY

CLUB: RETRO CLUB

UNICITÀ: POPULAR

SERIE: 2

NUMERO IDENTIFICATIVO: 2-082

CURIOSITÀ: Lil Cherry ha imparato da sua sorella che i classici sono sempre di moda.

Fai attenzione! Ogni L.O.L. SURPRISE! può essere l'una o l'altra.

RETRO CLUB

IL PASSATO STA ARRIVANDO!

CE L'HO

MANCA

PINK BABY

CLUB: RETRO CLUB

UNICITÀ: POPULAR

SERIE: 2

NUMERO IDENTIFICATIVO: 2-035

CURIOSITÀ: Per Pink Baby, il vecchio è il nuovo nuovo. Non la vedrai mai senza il suo morbido ciuffo, le ciglia lunghe e la giacca di pelle rosa.

Soluzione: Regina dello stile

CE L'HO

MANCA

LIL PINK BABY

CLUB: RETRO CLUB

UNICITÀ: POPULAR

SERIE: 2

NUMERO IDENTIFICATIVO: 2-081

CURIOSITÀ: Lil Pink Baby adora tutto ciò che è rosa. Ciuccio rosa, pannolino rosa: una vita rosa!

Ogni membro del Retro Club lo è.

RETRO CLUB

FORZA, BABY!

CE L'HO

MANCA

B.B. BOP

CLUB: RETRO CLUB

UNICITÀ: POPULAR

SERIE: 2

NUMERO IDENTIFICATIVO: 2-036

CURIOSITÀ: B.B. Bop è una signorina indipendente. Sa che può ottenere tutto ciò che vuole, se crede in se stessa.

SERVE AIUTO?

CE L'HO

MANCA

LIL B.B. BOP

CLUB: RETRO CLUB

UNICITÀ: POPULAR

SERIE: 2

NUMERO IDENTIFICATIVO: 2-083

CURIOSITÀ: Lil B.B. Bop sta crescendo per diventare una ragazza indipendente e tosta.

B.B. Bop crede in te: abbi coraggio!

Soluzione: Ora di risplendere

STORYBOOK CLUB

CHE MERAVIGLIA!

CE L'HO

MANCA

CURIOUS Q.T.

CLUB: STORYBOOK CLUB

UNICITÀ: POPULAR

SERIE: 2

NUMERO IDENTIFICATIVO: 2-025

CURIOSITÀ: Il mondo è un paese delle meraviglie per Curious Q.T.! Con così tante cose da scoprire ed esplorare, la sua curiosità non si esaurirà mai.

Soluzione: Favola della buonanotte

CE L'HO

MANCA

LIL CURIOUS Q.T.

CLUB: STORYBOOK CLUB

UNICITÀ: POPULAR

SERIE: 2

NUMERO IDENTIFICATIVO: 2-072

CURIOSITÀ: Questa piccoletta non vede l'ora di vivere una grande avventura.

La sera sta arrivando, corri a letto
e porta un libro con te.

STORYBOOK CLUB

TI HO FORSE SPEZZATO IL CUORE?

CE L'HO

MANCA

HEARTBREAKER

CLUB: STORYBOOK CLUB

UNICITÀ: POPULAR

SERIE: 2

NUMERO IDENTIFICATIVO: 2-026

CURIOSITÀ: Spezzare i cuori non è mai stato così adorabile! Questa monella ha un bel caratterino, come ogni regina!

CE L'HO

MANCA

LIL HEARTBREAKER

CLUB: STORYBOOK CLUB

UNICITÀ: POPULAR

SERIE: 2

NUMERO IDENTIFICATIVO: 2-073

CURIOSITÀ: Lil Heartbreaker è tanto tenera quanto birichina.

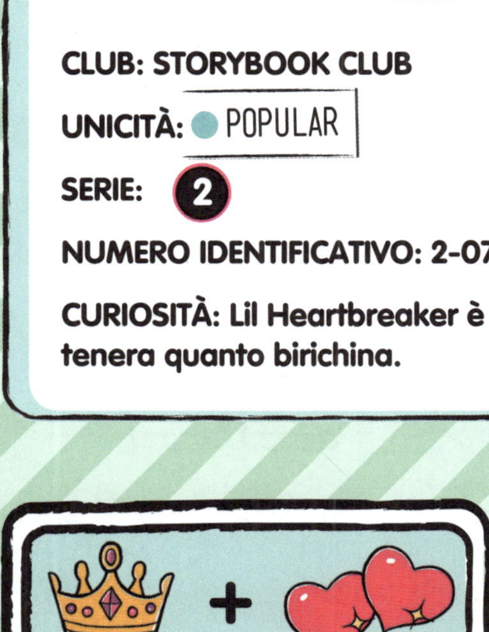

Heartbreaker non è la regina di quadri né di fiori né di picche

Soluzione: Regina di cuori

STORYBOOK CLUB

ESSERE SEMPRE DI CORSA VALE COME SPORT?

CE L'HO

MANCA

HOPS

CLUB: STORYBOOK CLUB

UNICITÀ: FANCY

SERIE: 2

NUMERO IDENTIFICATIVO: 2-027

CURIOSITÀ: Questa coniglietta ama lasciar correre la sua immaginazione! Avendo spesso la testa fra le nuvole, però, è sempre in ritardo.

Soluzione: L'ora del tè

TROOOPPO TARDI!

LIL HOPS

CE L'HO

MANCA

CLUB: STORYBOOK CLUB

UNICITÀ: ✦ FANCY

SERIE: 2

NUMERO IDENTIFICATIVO: 2-074

CURIOSITÀ: Come sua sorella, anche Lil Hops è spesso in ritardo!

Tic! Tac! Sono le 5 del pomeriggio.

STORYBOOK CLUB

BUBU - SETTETE!

CE L'HO

MANCA

TROUBLEMAKER

CLUB: STORYBOOK CLUB

UNICITÀ: POPULAR

SERIE: 2

NUMERO IDENTIFICATIVO: 2-028

CURIOSITÀ: La monella Troublemaker è sempre a caccia di nuovi trucchi. Magie, illusioni e scherzi sono il suo pane quotidiano.

Soluzione: Dolcetto o scherzetto?

CE L'HO

MANCA

LIL TROUBLEMAKER

CLUB: STORYBOOK CLUB

UNICITÀ: POPULAR

SERIE: 2

NUMERO IDENTIFICATIVO: 2-075

CURIOSITÀ: Lil Troublemaker ama giocare a nascondino con sua sorella.

Lo dici quando arriva Halloween.

24K GOLD CLUB

HO UN CUORE D'ORO!

CE L'HO

MANCA

LUXE

CLUB: 24K Gold Club

UNICITÀ: ❤ ULTRA-RARE

SERIE: 2

NUMERO IDENTIFICATIVO: 2-005

CURIOSITÀ: Chioma dorata e occhi luccicanti: questa bellezza ama tutto ciò che è lussuoso e sontuoso.